'DWISIO NAIN

EMILY HUWS

Argraffiad cyntaf—1993

ISBN 0 86383 982 7

ⓗ Emily Huws

Dymuna'r cyhoeddwyr gydnabod cymorth
Adrannau'r Cyngor Llyfrau Cymraeg.

Argraffwyd gan
J. D. Lewis a'i Feibion Cyf., Gwasg Gomer, Llandysul, Dyfed.

Mae hanes Rhian Mai
i Siân Teifi
gyda'm diolch am bob dim.

1

Digwyddais gael cipolwg ar gloc y gegin. Rhoddais sgrech ac yn fy mrys gollyngais y tun gwneud mins peis a thrawodd y bag blawd oddi ar gornel y bwrdd. Cododd hwnnw'n gwmwl mawr gwyn cyn taenu'n garped dros y llawr.

Bron yn hanner awr wedi dau! Byddai Mam yn ôl o'r siop tships cyn pen chwinc ac wrth frysio i glirio rhag iddi weld beth fuon ni'n geisio'i wneud roeddwn i wedi gwneud mwy fyth o lanast. Roedd popeth yn strim-stram-strellach gynnon ni; y crwst yn lympiau meddal anghynnes yr olwg ar y bwrdd, a darnau ohono'n sownd wrth y rholbren lle'r oedden ni wedi methu'i rowlio.

O beth wnawn i? Roedd arna i eisiau crio am ein bod ni wedi gwneud y fath smonach a ddim mymryn nes i'r lan. Fyddai gynnon ni byth anrhegion i Dad a Mam yn barod erbyn y Nadolig!

'Sharon!' sgrechiais ar fy chwaer fach. 'Dos â William Huw i rywle o dan draed! Robat John! Agor y drws wnei di, inni gael

gwared o'r ogla llosgi. Tafla'r sosban daffi
yna i'r bin 'run pryd.'

Edrychodd fy mrawd yn druenus ar y
lwmpyn du yng ngwaelod y sosban.

'Fedrwn ni ddim taflu sosban daffi Nain,'
meddai. 'Mi ro i ddŵr ynddi hi i edrych
fedrwn ni gael y taffi'n rhydd ar ôl iddo
socian. Mi guddia i hi allan yn y cefn.'

'Rhian Mai! Rhian Mai! Codi! Codi!'
gwaeddodd William Huw, fy mrawd bach.
Roedd o'n gwrthod yn glir â mynd efo
Sharon am fod arno eisiau imi ei godi o ar fy
mraich iddo gael taro'r balŵns efo'i ben.

Roedd o wrth ei fodd yn chwythu arnyn nhw hefyd, ac wedi dotio at y bwndel lliwgar roedd Dad wedi ei hongian o nenfwd y gegin y noson cynt. Roedd William Huw yn rhy fach i gofio'r Nadolig diwetha, ond eleni roedd o wedi dotio at bob dim ac roedd hi'n werth gweld ei wyneb o pan welodd y trimins i gyd am y tro cyntaf.

Doedd gen i ddim amser i'w ddandwn o. Roedd yn rhaid clirio. Ond roedd o'n cydio yng nghoesau trywsus fy siwt gragen i ac wrth imi blygu ato digwyddais weld soser lefrith a phlât bwyd Charlie. Roedd hynny'n ormod i mi.

Roeddwn i wedi cynhyrfu'n arw yn barod gan fod popeth wedi mynd o chwith. Ond pan sylwais ar fwyd y gath, yn amlwg heb ei gyffwrdd y bore hwnnw, dechreuais grio. Roeddwn i'n falch o godi William Huw a chael cuddio fy wyneb yn ei gefn bach cynnes o tra smaliai yntau fod yn bêl-droediwr yn penio peli i'r gôl.

Charlie druan! Doedd o byth wedi cartrefu'n iawn efo ni. Mae'n rhaid ei fod o wedi mynd yn ôl i hen dŷ Nain heddiw eto. Mae'n debyg ei fod o yno rŵan yn aros yn obeithiol ar y rhiniog. Ond aros gâi o. Wnâi'r bobl newydd ddim ei fwydo.

9

Byddai'n rhaid i Robat John fynd i'w nôl unwaith yn rhagor. Roedd yn druenus iawn ei weld yn cerdded yn ôl ac ymlaen ac yn mewian yn dorcalonnus meddai Robat John. Ond roedd yn waeth fyth ei weld o'n neidio ar sil y ffenest i edrych i mewn i'r tŷ ac yn neidio i lawr y munud y byddai rhywun yn dod at y drws. Ceisio dilyn y traed i mewn i'r tŷ fyddai o. Rhwbiai ei ben ar ffêr pwy bynnag ddeuai yno. Ond y peth gwaethaf un oedd ei fod yn cael cic i'w rybuddio i gadw draw.

Ar ôl imi lwyddo i stopio snwffian a llyncu 'mhoeri gwthiais William Huw o'r gegin efo Sharon. Roedd yn rhaid inni geisio clirio. Edrychais ar y cloc. Chwarter i dri! Lwc mwngrel oedd hi fod Mam mor hwyr. Mae'n siŵr ei bod hi wedi penderfynu aros yn hwyrach i baratoi'r cytew ar gyfer pysgod heno cyn dod adref. Diolch byth am hynny!

Cydiais yn y cadach llestri. Agorais y tap dŵr poeth a rhoi sebon meddal yn y ddysgl golchi llestri gan droi fy nghefn ar Robat John pan ddaeth o'n ôl i'r gegin yn waglaw. Doedd arna i ddim eisiau iddo fo weld fy wyneb i. Roedd rhywbeth bach annifyr iawn yn dal i bigo y tu ôl i'm llygaid ac roedd lwmp mawr yn fy ngwddw o hyd. Brysiais i roi'r cadach llestri yn y dŵr, ei wasgu a dechrau rhwbio'r bwrdd yn lân. Taflais y crwst y methwyd ei rowlio i wneud mins peis i'r bin a stwffiais y potyn minsmît o'r golwg i gefn y cwpwrdd. Siawns na sylwai Mam arno yng nghanol y potiau jam a'r tuniau bwyd.

'Dydi hi ddim yn ddrwg yma rŵan,' meddai Robat John. 'Dwi'n siŵr na fydd Mam ddim callach ein bod ni wedi bod yn trio gwneud taffi a mins peis.'

11

Edrychais o'm cwmpas. Oedd, roedd y lle yn well.

'Mae yna ogla llosgi yma o hyd,' meddai Robat John.

'Agor y drws yna led y pen, ac agor y ffenest hefyd,' meddwn i. 'Ella y bydd yr ogla wedi diflannu cyn i Mam gyrraedd.'

Ond yna sylwais ar y llawr. Roeddwn i wedi sychu'r blawd i gyd oddi ar y bwrdd, ond roedd hi fel petai hi wedi bod yn bwrw cawod drom o eira ar y llawr. Roedd blawd ym mhobman. Bu bron iawn imi â dechrau crio wedyn am na fedren ni byth gadw'r gyfrinach. Byddai Mam yn siŵr o holi beth fuon ni'n ei wneud wrth weld yr holl lanast ar y llawr.

'Fedrwn ni byth ei llnau o!' meddwn â sŵn crio yn fy llais.

Un hamddenol braf ydi fy mrawd i. A dweud y gwir mae o'n hanner cysgu ar ei draed y rhan fwyaf o'r amser. Ond am unwaith roedd o o gwmpas ei bethau yn iawn.

'Mi estynna i'r hwfer!' meddai. Aeth i'r twll dan y grisiau a dod yn ôl gan ddechrau hwfro fel corwynt o gwmpas y gegin. Gorffennodd. Aeth â'r hwfer yn ôl ac roedd o wrthi'n cau drws y cwpwrdd pan glywson

12

ni 'glic' y giât gefn. Roedd Mam wedi dod adref o'r siop.

Rhedodd y ddau ohonon ni i fyny'r grisiau gan gymryd arnom mai yno y buon ni ers oriau.

'Dim gair! Wyt ti'n deall? *Dim gair*!' siarsiais Sharon wrth fynd heibio iddi hi a William Huw oedd yn chwarae â'u teganau ar y llawr o flaen y teledu.

'Iawn!' sibrydodd hithau.

Rhedai Robat John i fyny'r grisiau o'm blaen i. Pan gyrhaeddodd ddrws ei lofft stopiodd am funud a gwelais fod dagrau mawr yn rowlio i lawr ei fochau.

'O, Rhian Mai!' meddai gan lyncu'i boeri'n galed. 'O, Rhian Mai! 'Dwisio Nain!'

'Dw inna hefyd!' meddwn gan fynd i'r ystafell molchi a rhedeg y dŵr o'r tap i olchi fy wyneb rhag i neb fy nghlywed i'n crio. Doedd dim gobaith i ni fedru gwneud taffi a mins peis heb Nain, ac roedd arna i hiraeth *ofnadwy* amdani hi.

2

Nain Ffred oedden ni'n galw Nain pan oedden ni'n blant bach. Ffred oedd enw'i chath hi. Yna bu Ffred farw ac roeddwn i'n cofio'n iawn fel y torrodd Nain ei chalon yr adeg honno. Mi gafodd Nain gath arall: Charlie. Ond doedd dim modd i ni gael Nain arall ac am ei bod hi bron iawn yn Nadolig roedd arnon ni fwy o hiraeth nag erioed amdani.

Mae'n draddodiad ers blynyddoedd fod Robat John a fi'n gwneud anrhegion Nadolig i Dad a Mam. A dyma sut y dechreuodd pethau:

'Dydw i ddim mymryn haws â gwneud mins peis yn y tŷ yma,' cwynodd Mam. 'Does neb ond y fi'n eu bwyta nhw.'

'Dda gan neb ond ti nhw 'rhen goes,' meddai Dad. 'Fedrais i erioed ddioddef eu blas nhw ac mae'r hen blant yma'r un fath. Cymryd ar f'ôl i mae'n rhaid.'

'Ond dwi'n sgut amdanyn nhw,' meddai Mam.

'Gwna rai i ti dy hun 'ta.'

'Dydi o ddim yn werth y drafferth.'

'Pryd wyt ti am wneud taffi triog?'

'Dda gen i mo hwnnw beth bynnag.'

14

'Ond mae'n rhaid cael taffi triog. Dydi hi
ddim yn Nadolig heb daffi triog. Gwna beth
i mi, 'rhen goes!'

'Fedra i ddim. Wir rŵan. Wn i ddim ble i
ddechrau.'

Digwyddodd Robat John a fi sôn am y
sgwrs yma wrth Nain un diwrnod ac fe
yrrodd hi ni yn syth i'r siop i brynu
minsmît. Y pnawn hwnnw helpodd Robat
John Nain i wneud taffi triog i Dad ac fe
helpais i i wneud mins peis i Mam. Wedyn

fe lapion ni nhw'n grand mewn bocsys a sleifio'n ôl adref efo nhw. Llwyddodd y ddau ohonon ni i'w rhoi nhw o dan y goeden heb i Mam na Dad sylwi, a phan agoron nhw'r anrhegion ar fore Nadolig roedden nhw wedi gwirioni'n lân. Byth er hynny roedden ni wedi mynd ar y slei i dŷ Nain i wneud taffi triog a mins peis.

Roedd y goeden Nadolig yn draddodiad yn ein teulu ni hefyd. Mae hi'n hollol wahanol i goed Nadolig pobl eraill. Yn nhŷ Jas, fy ffrind gorau, fe fydd ganddyn nhw goeden binwydd go-iawn. Un wedi cael ei thorri mewn coedwig yn bwrpasol ar gyfer y Nadolig. Fe welwch chi rai felly y tu allan i siopau yn y dref ac ar stondinau'r farchnad fel bydd y Nadolig yn nesáu.

Fydd Steve, tad Jasmin, byth yn prynu eu coeden nhw mewn lle felly. Ei chael hi am ddim fydd o. Mae o'n dweud ei fod o'n ei chael hi gan ffrind sy'n adnabod rhywun sy'n gwybod am rywun arall ac mae hwnnw'n goediwr. O'r goedwig lle mae o'n gweithio y daw eu coeden nhw, meddai o. Digon o rai yno dros ben ond i rywun fynd yno i'w nôl nhw.

Coeden smal sydd gan Anti Jini Norman. Yr un goeden sydd ganddi hi o flwyddyn i

16

flwyddyn. Tinsel arian ydi ei brigau hi ac maen nhw i gyd yn plygu a'r goeden wedyn yn edrych fel ambarél fflat. Mae Anti Jini yn ei chadw hi mewn bag plastig du ac yn ei stwffio hi o dan y gwely yn y llofft gefn a'i hestyn allan bob Nadolig i'w rhoi wrth droed y grisiau. Mae gan lawer o fy ffrindiau i goed Nadolig ffug fel un Anti Jini ac mae amryw byd yn cael coeden binwydd fel teulu Jas hefyd.

Coeden gelyn fydd gynnon ni.

'Ych-a-fi! Hen beth bigog fel yna! Afiach!' meddai Phil Ffish yn geg i gyd pan ddigwyddais sôn am y peth yn yr ysgol.

'Dydi hi ddim! Mae coeden gelyn yn hardd iawn. Mae aeron coch arni hi'n barod yn addurniadau ac maen nhw'n ddigon o sioe.'

'Ond ti'n cael dy bigo wrth ei haddurno hi.'

'Ddim os wyt ti'n cymryd pwyll.'

'Mae balŵns yn siŵr o fyrstio.'

''Dan ni'n ddigon call i gadw balŵns draw oddi wrth y dail siŵr iawn!'

Roedd traddodiad y goeden gelyn wedi dechrau ymhell bell yn ôl cyn i mi na Robat John gael ein geni. Tad Dad, ein taid ni, ddechreuodd y traddodiad coeden gelyn. Fo oedd yn hoffi crwydro ar hyd llwybrau'r ardal. A phan aeth o am dro ychydig cyn y Nadolig un flwyddyn a Dad yn hogyn bach yn gafael yn ei law o, gwelodd goeden gelyn yn drwm o aeron coch hardd. Sgleiniai'r aeron fel mwclis prydferth ar y brigau a thynnodd hynny sylw Dad. Aeth Taid adref i nôl llif a daeth yn ôl i dorri'r goeden gelyn. Aeth â hi adref a dyna pam mae gynnon ni goeden gelyn bob Nadolig.

Bydd Robat John yn mynd i chwilio am goeden gelyn efo Dad bob Nadolig. Mi fyddan nhw'n crwydro o gwmpas yr ardal ac yn dod yn ôl efo un. Fyddan nhw byth yn methu er ei bod hi'n anodd braidd cael un yn berwi o aeron coch bob amser. Weithiau, os bydd y tywydd yn oer iawn fe fydd yr adar wedi eu bwyta nhw.

Eleni roedd Dad a Robat John wedi llwyddo i gael un llawn aeron a'r rheini'n sgleinio fel mwclis rhwng y dail bythwyrdd. Dyna hardd oedd y goeden Nadolig yng nghornel y parlwr. Ar ôl inni hongian y peli aur oedd gynnon ni a gosod yr angel mawr gwyn ar ei phen hi, edrychai'n ddigon o ryfeddod. Lapiodd Mam y bwced llawn llwch llif oedd yn ei dal hi

gyda phapur arian ac wedyn aeth i'r cefn i nôl rhywbeth.

'Dyna hen dro,' meddai Sharon yn ddistaw wedi iddi fynd. 'Fydd yna ddim anrhegion i Mam a Dad o dan y goeden yna.'

Doeddwn i ddim yn deall. Doedd Robat John ddim chwaith, ond dydi hynny'n ddim byd newydd!

'Be ti'n feddwl?' gofynnodd i Sharon.

'Nain wedi marw, yn tydi? Fydd yna ddim mins peis i Mam na thaffi triog i Dad byth eto.'

'Feddyliais i ddim am hynny,' meddwn i.

'Na finna,' meddai fy mrawd. 'Rhian Mai, be wnawn ni? Mae'n rhaid inni gael anrhegion i Dad a Mam.'

'Be gawn ni brynu iddyn nhw?'

'Oes gen ti bres?'

'Dim llawer. Oes gen ti?'

'Dim digon i brynu anrhegion iawn. Dim digon i brynu pethau fyddai Dad a Mam yn eu hoffi.'

'Be fydden nhw'n eu hoffi?'

Ysgydwodd Robat John ei ben. 'Wn i ddim.'

'Mi wn i. Taffi triog . . .'

'A mins peis.'

20

Dyna pryd y cefais syniad.

'Dwi'n siŵr fod gynnon ni ddigon o arian i brynu blawd a lard a minsmît i wneud mins peis. Mi fedrwn ni brynu menyn a siwgr coch a thriog hefyd. Mi wnawn ni'r mins peis a'r taffi triog 'run fath yn union. Rydan ni'n gwybod sut i'w gwneud nhw erbyn hyn ar ôl helpu Nain ers blynyddoedd.'

Y munud hwnnw credwn yn siŵr ei fod yn syniad ardderchog. Y syniad gorau a gefais i erioed.

'Mi wnawn ni nhw i gofio am Nain,' meddai Robat John. Credai yntau hefyd ei fod yn syniad da.

3

Robat John oedd y cyntaf un i wybod bod Nain wedi marw. Bechod. Roedd hynny'n ofnadwy iddo fo. Roedd gynnon ni i gyd feddwl y byd o Nain, ond Robat John oedd hogyn Nain a dweud y gwir. Fo oedd cannwyll ei llygad hi am ei fod o'r un enw â Taid a'r un ffunud â fo o ran pryd a gwedd yn ogystal â bod yr un osgo â fo'n union meddai hi.

21

Doedd Robat John ddim yn siŵr, ddim yn berffaith siŵr ei bod hi wedi marw. Ond roedd o wedi dychryn yn ofnadwy 'run fath. Roedd tŷ Nain yn teimlo'n wag, annifyr, meddai, er bod ei chorff hi'n gorwedd yn y gwely yn y llofft.

Byddai'n mynd i dŷ Nain bob bore cyn mynd i'r ysgol. Âi i'r siop i brynu torth a phapur newydd iddi ac erbyn iddo gyrraedd yno byddai Nain wedi codi. Câi'r ddau ryw sgwrs fach, ac wedyn, ar ôl rhoi mwythau i Charlie, gadawai Robat John dŷ Nain a mynd i aros am y bws ysgol efo plant Pentre Uchaf. Byddwn i a Sharon eisoes ar y bws, wedi mynd arno pan arhosai ger y groesffordd.

Ar ddydd Sadwrn byddai Robat John yn nôl y dorth a'r papur newydd ac yn aros yn nhŷ Nain i gael brecwast. Arhosai yno efo Nain a Charlie drwy'r bore. Torrai briciau tân iddi ac os na fyddai hi wedi bod yn teimlo'n ddigon da i godi allan i fynd i nôl ei phensiwn, âi i'r post i'w nôl. Prynai ei neges iddi. Welen ni'r un arlliw o Robat John yn ein tŷ ni ar fore Sadwrn.

Ond y bore Sadwrn hwnnw, yr hen fore Sadwrn annifyr, annifyr hwnnw, daeth adref â'i wynt yn ei ddwrn. Doedd fawr o

dro ers i ni ei glywed o'n mynd i lawr y grisiau. Newydd ddeffro'r oeddwn i ac yn gorwedd yn fy ngwely pan ruthrodd yn ôl.

Doedd neb arall wedi codi chwaith, ond unwaith y deallodd fod Robat John yn ei ôl, saethodd Dad allan o'r gwely ac i lawr y grisiau'n gyflymach na'r un ddart a daflodd at fwrdd dartiau'r Afr erioed, ac yn gyflymach nag unrhyw ddart a saethodd at unrhyw fwrdd dartiau arall hefyd. Rydw i'n siŵr o hynny.

'Mam! Dad!' Clywais Robat John yn gweiddi'n uchel ac yn gynhyrfus. 'Mae rhywbeth yn bod ar Nain! Dowch ar unwaith! Fedra i mo'i deffro hi!'

Roedd o a fi am ddilyn Dad a Mam allan o'r tŷ. Roedden ni'n dynn ar eu sodlau nhw yn y gegin gefn ond trodd Mam ar ei hunion.

'Arhoswch adref i warchod y ddau arall,' gorchmynnodd mewn llais *does-dim-dadlau-o-gwbl-i-fod*.

'Mi fydd Nain yn iawn, gei di weld,' meddwn i gan geisio cysuro rhywfaint ar fy mrawd er bod fy nghalon i'n dyrnu fel drwm anferth ac wedi codi i'm corn gwddw. Methwn yn glir â llyncu fy mhoeri'n iawn ac roedd arna i andros o ofn; roeddwn yn chwys oer drosof i gyd.

Doedd Nain ddim wedi codi'r bore hwnnw pan aeth Robat John yno. Roedd hynny'n beth anarferol. Dychrynodd am ei fywyd. Gwelodd y botel lefrith ar y rhiniog ond roedd y drws dan glo.

'Nain! Nain!' gwaeddodd drwy'r twll llythyrau.

Dim ateb.

Felly rhedodd i'r sièd i nôl y goriad sbâr a gadwai Nain o dan hen bot blodau yn y gornel. Pan aeth i'r tŷ roedd pobman yn dawel, dawel. Gwyddai'n iawn fod rhywbeth *mawr* yn bod.

'Yn dawel fel y bedd,' meddyliais gan grynu.

'Pan es i i'r llofft dyna lle'r oedd hi'n gorwedd yn llonydd. Ac roedd ei llaw hi mor oer, Rhian Mai . . .'

'Ella mai wedi llewygu mae hi. Wedi cael rhyw bwl cas. Mi ân nhw â hi i'r ysbyty iddi gael dod ati'i hun . . . gei di weld.'

Gwelwn ar ei wyneb na chredai o'r hyn roeddwn i'n ei ddweud er mwyn ceisio'i gysuro.

'Roedd ei hwyneb hi mor wyn, a'i llaw hi mor oer,' ychwanegodd ac fe fuon ni'n dau'n ddistaw iawn wedyn . . . am hir. Pan ddaeth Sharon i lawr y grisiau eglurais iddi ble'r oedd Dad a Mam wedi mynd.

'Y ddau?' gofynnodd yn syth. 'Pam roedd y ddau yn mynd?'

Drwy lwc fu dim rhaid imi ei hateb hi. Dechreuodd William Huw sgrechian fod arno eisiau bwyd a brysiais i wneud tôst iddo. Roeddwn i'n falch o gael gwneud rhywbeth yn lle siarad a meddwl. Ond pan ddaeth Mam i mewn i'r gegin ychydig funudau'n ddiweddarach, gwyddwn yn syth bin fod ganddi newyddion drwg.

'Gwna baned o de imi wir,' meddai. Estynnodd sigarét a'i thanio cyn eistedd yn drwm ar gadair ger y bwrdd. 'Mae Nain wedi marw.'

Dechreuodd grio a'r dagrau mawr yn rowlio o'i llygaid hi. Fedrai hi mo'u sychu nhw chwaith. Roedd yna fwy a mwy yn dod.

Bu'n rhaid iddi godi i estyn y bocs hancesi papur o'r cwpwrdd.

Fe ddechreuon ni i gyd grio wedyn.

'O, diar!' meddai Mam gan frysio i geisio sychu'i dagrau i gyd ymaith. 'Wnaiff hyn ddim o'r tro o gwbl. Mi fyddai Nain yn flin iawn efo ni am grio. Fedrai hi ddim dioddef i bobl fod yn drist. 'Dach chi'n cofio gymaint roedd hi'n hoffi cael hwyl?'

Daeth Dad i mewn a chlywed beth ddywedodd hi.

'Yn hollol,' meddai. 'Roedd Nain yn hen ac wedi blino. Mae'n rhaid inni geisio diolch ein bod ni wedi ei chael hi mor hir.'

Ond ar ôl i Mam dywallt paned o de iddo fe eisteddodd yntau'n llonydd wrth y bwrdd a wnaeth o ddim yfed y te am sbel hir iawn. Wnaeth o ddim ond ei droi a'i droi ar ôl rhoi llwyaid o siwgr ynddo gan edrych ar y ddiod fel petai o ddim yn ei gweld o gwbl.

4

Gadewais bawb yn y gegin y diwrnod hwnnw a sleifio i fyny i'r llofft. Roedd arna i eisiau bod ar fy mhen fy hun. Cofiais am yr anrheg Nadolig a gefais gan Nain llynedd. Roedd arna i eisiau gafael ynddo ac edrych arno a chofio mai hi a'i gwnaeth o, yn arbennig i mi. Roeddwn eisiau gwneud yn siŵr ei fod yn ddiogel, ei fod yn yr union fan lle'r oeddwn i wedi ei adael ac nad oedd Sharon wedi cael gafael arno ac nad oedd Mam wedi ei roi o'r neilltu. Chawn i byth anrheg tebyg eto.

Bob Nadolig mi fyddai Nain yn gweu jympers i ni. Byddai cefn a llewys pob un yn blaen, ond ar y tu blaen byddai llun. Dewisai'r llun yn ofalus. Byddai bob amser yn un y bydden ni'n ei hoffi. Y Nadolig diwethaf roedd pêl-droediwr yn neidio i amddiffyn gôl ar un Robat John a llun Sam Tân ar un William Huw. Cwningen oedd ar un Sharon ac ar f'un i roedd Nain wedi gweu darlun tlws o fryniau gwyrdd a glaswyrdd ac awyr las uwchben. Tywynnai haul melyn yn yr awyr ac yn y gwaelod roedd cath fach ddu a gwyn â golwg ddireidus ar ei hwyneb yn chwarae efo pêl.

Hon oedd y jymper orau a gefais i gan Nain erioed. Ar ôl i'm dillad i fynd yn rhy fach i mi byddai Sharon yn eu cael nhw bob amser. Doedd arna i ddim eisiau iddi gael

hon: y jymper olaf i Nain ei gweu yn arbennig i mi.

Doedd arna i ddim eisiau ei gwisgo hi byth eto chwaith, rhag ofn imi ei difetha hi. Roedd arna i eisiau ei chadw hi am byth. Plygais hi'n ofalus. Chwiliais am fag plastig. Rhoddais y jympar ynddo a'i roi yn y drôr lle'r oedd fy nillad i. Cuddiais y bag o dan bentwr o ddillad yn y gornel bellaf. Doedd arna i ddim eisiau i Sharon gael gafael ar y jympar a ffansïo'i gwisgo. Ddim hon, y jympar olaf a gawn i gan Nain.

'Mi fydd gen i ddarn o Nain i mi fy hun am byth,' penderfynais wrth gau'r drôr yn ofalus.

Y bore Llun wedyn pan oedd Sharon a fi'n gwisgo amdanom i fynd i'r ysgol fe agorodd hi fy nrôr i.

'Hei!' meddwn i'n bigog. 'Be wyt ti'n ei wneud yn y fan yna?'

'Isio sanau glân. Methu cael hyd i rai yn fy nrôr i.'

'Dydi Mam ddim wedi cael amser i olchi am fod cymaint o bobl wedi galw i gydymdeimlo am fod Nain wedi marw,' meddwn i. 'A phaid ti â meiddio mynd ar gyfyl fy nrôr i. Mi a' i i nôl sanau iti.'

'Ond . . .'

30

'Byth eto. Ti'n deall? Paid ti ag agor fy nrôr i byth eto.'

Cefais hyd i sanau iddi ac wedyn fe aethon ni i lawr y grisiau a dechrau bwyta brecwast. Roedden ni i gyd yno'n bwyta a neb yn dweud fawr o ddim.

'Brysiwch neu mi gollwch chi'r bws,' rhybuddiodd Mam.

Ond cododd Robat John ar ei draed yn sydyn gan adael ei Weetabix heb ei gyffwrdd yn y bowlen, ar ôl iddo roi llefrith a siwgr drosto. Gwelwn ei wyneb yn crebachu, y dagrau yn llenwi ei lygaid a'i geg yn symud wrth iddo blethu'i wefusau i geisio'i atal ei hun rhag crio.

Roeddwn innau'n methu'n glir â llyncu'r Coco Pops er mai nhw ydi fy hoff fwyd brecwast i.

'Mam?' gofynnais gan hanner tagu oherwydd 'mod i bron, bron â rhoi'r dŵr ar y felin. 'Mam, oes raid inni fynd i'r ysgol heddiw?'

Edrychodd Mam yn hurt arna i ac fe stopiodd Dad hyd yn oed yfed ei baned o de a gadael llonydd i'r sigarét heb ei chodi ar gyfyl ei geg. Fo atebodd fi.

'Dydd Llun ydi hi, yntê? Mae yna ysgol heddiw.'

31

Snwffiais.

'Oes gynnoch chi wyliau neu rywbeth?'

Ysgydwais fy mhen.

'Wel ewch yno 'ta er mwyn inni gael ychydig bach o lonydd. Ewch o dan draed. Gwadnwch hi.'

'Ond . . .'

'Ond beth? Wyt ti ddim yn meddwl ein bod ni wedi cael digon ohonoch chi o gwmpas y lle yma ddoe ac echdoe?'

'Ond mae Nain wedi marw.'

'Wel dydi hynny ddim yn eich rhwystro chi rhag mynd i'r ysgol nac ydi?'

'Nac ydi . . .'

Ond meddai Robat John yn gyflym ac yn uchel,

'Mi a' i i'r ysgol os ydach chi'n dweud fod yn rhaid imi fynd. Ond beth ydan ni i fod i'w wneud os ydan ni eisio crio ac yn methu cael hyd i le yno i grio ar ein pennau ein hunain?'

Dechreuodd Sharon a finnau grio go-iawn wedyn a rhedodd Robat John allan o'r ystafell ac i fyny'r grisiau i'r llofft i gael crio'n uchel. Doedd llygaid Mam ddim yn rhyw sych iawn chwaith.

Gwnaeth Dad ryw osgo fel petai o'n mynd i ddweud fod yn rhaid inni fynd i'r ysgol.

'Fyddai Nain ddim eisiau ichi golli'r ysgol . . .' meddai.

'O! Barri! Gad lonydd iddyn nhw. Dim ond am heddiw!' crefodd Mam.

Y hi gafodd ei ffordd a chawsom aros gartref! Fedrai Robat John ddim credu'r peth pan redais i i fyny'r grisiau i ddweud wrtho.

'Be? Wyt ti'n siŵr?'

'Ydw. A ddaru o ddim cwyno ei fod o eisio cael gwared â ni o dan draed na dim byd.'

'Wyt ti'n siŵr iti glywed yn iawn?'

'Ydw. Ydw!'

Sychodd Robat John ei ddagrau â chefn ei law.

'Hei!' meddai yn wên i gyd yn sydyn. 'Hei! Ti'n gwybod be?'

'Be?'

'Mi golla i brawf Mathemateg!'

'Ac mi golla i brawf tablau!'

Chwarddodd y ddau ohonon ni'n braf a ddywedon ni ddim wrth Sharon pam roedden ni'n chwerthin chwaith.

Mi fuon ni'n *andros* o glên efo Dad a Mam wedyn. Aeth Robat John i'r siop i gario sachau tatws ac i helpu Tracey Llywela i'w rhoi yn y peiriant plicio. Cynigiais innau drin y pysgod yn lle Mam er bod yn *gas* gen i gyffwrdd â physgod amrwd. Mae'n gas gen i eu hogla nhw hefyd, ond gafaelais ym mhob darn i'w drochi yn y cytew cyn ei ffrio. Roedd yn dda cael ein help ni meddai Dad a Mam, gan fod cymaint i'w wneud cyn y cynhebrwng drannoeth.

Roedd arnon ni ychydig bach o ofn sôn am y cynhebrwng hyd yn oed. Doedd Sharon ddim yn deall beth oedd o'n iawn.

'Claddu arch Nain yn y fynwent wrth ymyl y capel,' meddai Robat John wrthi.

'Arch?'

Roedd llygaid glas Sharon yn fawr gan syndod.

'Arch? 'Run fath ag arch Noa?'

Mi chwarddon ni'n dau a dechreuodd Sharon grio am ei bod hi'n flin ein bod ni'n chwerthin am ei phen hi. Ceisiais egluro fod corff Nain yn cael ei roi mewn bocs mawr pren.

'Weithiau mae yna rai yn cael eu llosgi wedyn,' meddai Robat John wrthi. 'Ond nid Nain.'

Sychodd Sharon ei dagrau ac ymhen tipyn gofynnodd,

'Oedd Nain yn slwtsh i gyd yn ei gwely pan welaist ti hi, Robat John?'

Doedd hi ddim wrth gwrs. Ond geneth fach ydi Sharon a dydi hi ddim yn deall rhai pethau. Dechreuodd grio wedyn a dweud nad oedd hi ddim yn hoffi meddwl am Nain wedi ei chau mewn rhyw hen focs pren a hwnnw'n cael ei gladdu mewn twll mawr yn y ddaear.

'Dydi Nain ei hun ddim yn y bocs 'sti,' eglurodd Robat John wrthi. 'Dim ond ei chorff hi, y cnawd a'r esgyrn, y sgerbwd. Mae'r peth hwnnw oedd yn gwneud Nain yn berson arbennig, Nain a dim ond Nain,

35

yn fyw o hyd ond dydan ni ddim yn ei gweld hi rŵan.'

Sychodd Sharon ei dagrau.

'Wir?'

'Wir yr. Mae hi'n fyw bob tro'r ydan ni'n meddwl amdani hi.'

'O!' meddai Sharon. 'Wyddwn i ddim! Wyddwn i ddim o'r blaen! O dwi'n teimlo'n well rŵan!'

5

Roedd yna ychydig bach o ogla llosgi a mymryn o ôl blawd ar lawr y gegin pan ddaeth Mam yn ôl i'r tŷ y diwrnod hwnnw y methon ni wneud mins peis a thaffi, ond sylwodd hi ddim.

'Dim ond picio'n ôl i edrych oedd popeth yn iawn,' meddai â'i gwynt yn ei dwrn. 'Mae'n rhaid imi fynd yn ôl ar frys. Disgwyl lorri'n dod â darnau cywion ieir wedi'u rhewi a phasteiod unrhyw funud. Deb wedi gorfod mynd i orffen siopa Nadolig a fedra i ddim gadael Tracey Llywela i dderbyn archeb fawr fel yna ar ei phen ei hun.'

A thrwy lwc, fu hi ddim yn y gegin i sylwi

fod dim yn wahanol. Edrychodd Robat John a fi ar ein gilydd ar ôl iddi fynd.

'Wel be wnawn ni?' gofynnodd.

'Wn i ddim, ond mi glywaist ti be ddywedodd hi cyn mynd.'

'Gofalwch chi fod y parlwr ffrynt yna'n daclus erbyn y dof i'n ôl!'

'Ie.'

Ochneidiodd y ddau ohonon ni.

I'r parlwr â ni a dyna lle'r oedd Sharon yn chwarae efo William Huw o flaen y tân. Roedd mynydd o gardiau Nadolig ar y bwrdd, ac o gwmpas gwaelodion y goeden gelyn roedd nadroedd mawr hirion o wifren a lympiau o bob lliw yn eu canol.

'Mi ro i'r cardiau i fyny os y gwnei di roi'r goleuadau ar y goeden,' cynigiais.

Ochneidiodd Robat John. 'Run fath fyddai hi bob blwyddyn. Byddai'r goleuadau wedi cael eu stwffio rywsut-rywsut i'r bocs a'u gadael yn flêr yn y cwpwrdd y flwyddyn cynt. Rŵan roedd gwaith rhoi trefn arnyn nhw gan fod y wifren wedi cordeddu i gyd. Aeth Robat John ati gan duchan a dechreuais innau arddangos y cardiau.

Mae'r cardiau'n rhan o'r addurniadau yn ein tŷ ni. Y cadwyni papur lliw yn hongian

37

o bob cornel i gyfarfod yn y canol. Seren fawr aur yn hongian o'r fan honno a bwnshad mawr o falŵns yn hongian o lefydd eraill. Y goeden Nadolig yn y gornel a'r cardiau ar y wal. Roedd gynnon ni edau aur ac edau arian i'w rhoi ar y waliau ac wedyn byddai'r cardiau'n cael eu hongian dros yr edau. Edrychai'r cyfan yn hardd iawn.

Fedrwn i yn fy myw gael hyd i binnau bawd i roi'r edau i fyny. O'r diwedd cefais hyd i rai yn y bocs addurniadau a gosodais y cardiau i gyd yn eu lle.

'Www!' meddai William Huw. 'Www!'

O'r diwedd roedd y goleuadau lliw yn barod i'w rhoi ar y goeden. Dyna anodd oedd cadw William Huw draw o'r neidr hir liwgar ar hyd y llawr. Roedd o eisiau ei chodi hi a chwarae efo hi drwy'r amser.

'O! O! Biti!' meddai pan ddiffoddodd Robat John y swits.

'Aros di funud!' meddwn i wrtho fo. 'Aros di nes y gweli di'r golau ar y goeden.'

Sodrais ef ar y soffa tra oeddwn i a Robat John a Sharon yn rhoi'r wifren oleuadau dros y goeden i gyd. Roedd yn rhaid imi sefyll ar fraich y gadair er mwyn cyrraedd brig y goeden.

'Paid â gadael i'r golau guddio'r angel!' meddai Robat John.

O'r diwedd roedd hi yn ei lle. Eisteddais ar y soffa a chodi William Huw i eistedd ar fy nglin.

'Aros di, was!' meddwn i. 'Edrych di ar y goeden!'

Edrychais i ddim ar y goeden pan bwysodd Robat John y swits golau. Roeddwn i'n edrych ar fy mrawd bach. Am funud edrychodd yn hollol hurt. Yna, daeth rhyw olwg fel petai o'n methu'n glir â chredu'i lygaid dros ei wyneb bach o i gyd.

39

Yna, gwenodd. Gwên fawr lydan braf, ei lygaid o'n disgleirio a'i wyneb yn loyw. Roedd o wedi dotio!

Daeth Robat John a Sharon i eistedd wrth ein hochrau ni a dyna lle'r oedden ni'n syllu ar y goeden pan ddaeth Dad i mewn. Erbyn hyn roedd hi'n hwyr yn y prynhawn ac yn dechrau tywyllu oddi allan a Dad yn methu deall pam roedd y tŷ yn dywyll.

'Meddwl nad oedd neb gartre,' oedd ei eiriau cyntaf pan ddaeth i mewn i'r parlwr. 'Methu deall ble'r oedd pawb wedi mynd.'

Roedd o eisiau rhoi'r golau ymlaen.

'Peidiwch!' crefodd pawb arno. 'Dowch i eistedd efo ni. Newydd roi'r goleuadau ar y goeden ydan ni.'

Fe arhosodd o efo ni am dipyn bach. Fe eisteddon ni yno a'r parlwr yn mynd yn dywyllach bob munud, a'r goeden yn y gornel yn mynd yn harddach ac yn harddach o hyd. Roedd yn rhaid inni roi'r golau ymlaen pan ddaeth Mam. Roedd hi'n amser te a fedren ni ddim gweld beth roedden ni'n ei fwyta fel arall.

Yn y gegin y byddwn ni'n arfer bwyta yn ein tŷ ni, ond y pnawn hwnnw cariodd Robat John a Sharon a fi ein bwyd a'n diod i'r parlwr ac eistedd ar y llawr i fwyta er mwyn inni gael syllu ar y goeden ar yr un pryd.

A William Huw?

Wel, symudodd William Huw yr un cam o'r lle. Bu'n rhaid inni fynd â'i fwyd o iddo fo a thynnodd o mo'i lygaid oddi ar y goeden hardd o gwbl. Rhythodd ar y goeden a stwffiodd ei fwyd i'w geg ar yr un pryd. A'r noson honno cafodd Mam andros o job i'w gael i fynd i'w wely. Roedd o eisio mynd â'r goeden efo fo!

6

'Dydi Charlie druan byth wedi bod yn nôl ei fwyd,' galwais ar Robat John ar ôl imi fynd â'n platiau bwyd ni i'r gegin. Daeth yno ar f'ôl i a syllu ar y soser a'r ddysgl. Doedd y bwyd ddim wedi cael ei gyffwrdd.

Charlie druan! Doedd o byth wedi cartrefu efo ni. Maen nhw'n dweud bod ci bob amser yn symud efo'r teulu ond y bydd cath eisiau aros yn ei chartref cyntaf.

Wel, doedd hynny ddim yn hollol wir efo Charlie. Nid cath Nain oedd o i ddechrau. Ym Mryn Teg roedd o'n byw efo rhyw bobl ddŵad. Pan losgodd y tŷ yn ulw crwydrai o gwmpas y lle'n ddigartref nes i Nain gymryd trugaredd arno. Roedd o'n dod at ei thŷ hi bob bore a nos i gael bwyd ganddi hi ac yn fuan iawn roedd o'n dod i'r tŷ ac yn cysgu o flaen y tân fel petai o biau'r lle. Ar ôl i Nain farw roedden ni'n meddwl na fyddai o fawr o dro yn cartrefu efo ni a ninnau'n rhoi pob croeso iddo. Ond mynnu mynd yn ôl i'r Pentre Uchaf, lle'r oedd hen dŷ Nain oedd o, er nad oedd o'n cael croeso gan y bobl oedd yn byw yno erbyn hyn.

'Rhowch fenyn ar ei bawennau o,' meddai Dad ar ôl ein clywed ni'n cwyno. Roedden

ni'n meddwl mai pryfocio'r oedd o a wnaen ni ddim. Gwylltiodd Dad am nad oedden ni'n credu beth roedd o'n ei ddweud a rhwbiodd y menyn i bawennau Charlie ei hun. Gwyliodd pawb Charlie yn llyfu'i bawennau'n lân ac wedyn yn gorwedd o flaen y tân.

'Dyna ni. Gewch chi weld y daw o'n ôl yma bob tro rŵan,' meddai Dad.

Ddaeth o ddim!

Ar brydiau teimlwn yn flin efo Charlie. Roedd o'n cael digon o lefrith i'w yfed a physgod ffres o'r siop gynnon ni. Ond doedd dim yn tycio. Doedd Charlie ddim eisiau aros efo ni.

Syllodd Robat John ar ddysglau bwyd Charlie.

''Sgwn i ble mae o'n cael bwyd?' gofynnodd. 'Dwi'n gwybod ei fod o'n dal i fynd yn ôl i hen dŷ Nain. Ond dydi o ddim yn cael bwyd yno.'

'Mae'n rhaid ei fod o'n cael bwyd yn rhywle,' mynnodd Mam pan ddaeth i lawr y grisiau ar ôl rhoi William Huw yn ei wely.

Fore trannoeth, fe welson ni ym mhle. Digwydd mynd i weld Anti Jini Norman wnaeth Robat John a fi a phwy oedd yno'n gorwedd o flaen y tân yn canu grwndi'n braf ond Charlie.

'Yr hen gena!' meddwn i. 'A ninna'n poeni amdanat ti. Meddwl dy fod ti'n llwgu.'

'Wel dydi o ddim,' meddai Anti Jini yn bigog braidd. 'Rydw i'n gofalu prynu digon o duniau bwyd cath iddo fo.'

'Mae'n rhaid fod yn well ganddo fwyd cath tun na physgod ffres o'r siop,' meddai Robat John.

'Ella'n wir,' atebodd Anti Jini. 'Ond dwi'n meddwl ei fod o'n cael mwy o lonydd yma nag yn eich tŷ chi. Y llonydd ac nid y bwyd sy'n cyfrif i Charlie. Roedd o wedi arfer efo dim ond eich nain a fo ar yr aelwyd. Fo'n cael y tendans i gyd fel brenin. Dwi'n siŵr nad oedd yna ddim llonydd iddo fo'i gael yn eich tŷ chi.'

'Roedd William Huw yn ei hambygio fo weithiau,' meddwn i.

'Oedd,' meddai Robat John. 'A Sharon eisiau gwisgo dillad babi amdano fo a'i roi mewn pram fel babi dol.'

'Does ryfedd ei fod o'n ffoi yma,' meddai Anti Jini. 'Wedi ffoi yma 'dach chi'ch dau hefyd? Mae golwg ddigon euog arnoch chi'ch dau!'

Daeth y stori allan wedyn. Cael ein dal yn sbecian ar yr anrhegion Nadolig o dan y goeden wnaethon ni. Roedd Mam o'i cho'n las pan welodd hi fi yn ceisio agor y parsel a gefais i gan Anti Mo, ei ffrind gorau hi.

46

Roeddwn i'n dyheu am gael gwybod beth oedd ynddo fo. Stwffiais ef o'r golwg y tu ôl i'r parseli eraill o dan y goeden, ond roeddwn i'n rhy hwyr. Roedd Mam wedi gweld 'mod i wedi ceisio'i agor.

'Neb i gyffwrdd â'r parseli tan fore'r Nadolig,' gwaeddodd a bygwth celpen i mi. Bu bron i Robat John gael ochr pen hefyd pan welodd ei fod o wedi torri cornel y papur Nadolig a oedd am ei anrheg o.

47

Roedd yn rhaid inni ddianc oddi ar ffordd Mam, felly fe aethon ni i dŷ Anti Jini. Roedd hi mor anodd peidio â chyffwrdd yn y domen barseli. Pob parsel yn crefu am gael ei agor am fod ei siâp mor ddiddorol a'i fod yn edrych mor hardd. Roedd yn sobor o anodd anwybyddu'r ysfa ym mlaenau 'mysedd i rwygo'r papur i gael gweld beth oedd y tu mewn.

'Ydi popeth yn barod gynnoch chi acw?' holodd Anti Jini. 'Dim ond deuddydd sydd tan ddiwrnod Nadolig cofiwch!'

7

Popeth yn barod?

'Does gynnon ni ddim anrhegion i Dad a Mam,' meddai Robat John.

A'r munud hwnnw fflachiodd syniad fel mellten fawr olau o flaen fy llygaid.

'O! Anti Jini!' gwaeddais. 'Rydan ni wedi bod yn dwp! Feddyliais i ddim amdanoch chi o gwbl!'

Doedd Robat John, wrth gwrs, ddim yn deall beth oedd gen i mewn golwg. Mae o'n medru bod yn dwp: ddim o gwmpas ei bethau hanner yr amser.

'Y mins peis i Mam a'r taffi triog i Dad,' meddwn i. 'Fe wnewch chi ein helpu ni i'w gwneud nhw, yn gwnewch, Anti Jini? Rydan ni wedi methu'u gwneud nhw ein hunain. Robat John! Ble rhoist ti sosban daffi Nain? Dos i'w nôl hi!'

Fe ruthrodd o adref i'r sièd yn y cefn lle'r oedd o wedi gadael y sosban. Ond pan ddangosodd o hi i Anti Jini doedd hi'n dda i ddim i wneud taffi. Er bod dŵr wedi bod yn socian ynddi ac er i Anti Jini ei rhwbio hi, fedrai hi ddim codi'r taffi oedd wedi llosgi.

Tra bu hi a Robat John wrthi efo'r sosban, sleifiais i'r tŷ i nôl pres o'm cadw-mi-gei. Rhedais â'm gwynt yn fy nwrn i'r siop i nôl blawd a lard, menyn a siwgr coch a thriog. Yn slei bach es i'r gegin a chwipio'r potyn minsmît o'r cwpwrdd pan oedd Mam wedi troi'i chefn am funud bach. Yna'n ôl â mi i dŷ Anti Jini.

Roedd ganddi hi sosban addas i wneud taffi a thun pwrpasol ar gyfer mins peis ac fe gychwynnon ni arni hi ar unwaith.

'Nain oedd yn arfer ein helpu ni,' eglurais iddi. 'Roedden ni wedi ceisio gwneud ein

49

hunain ond fe wnaethon ni *andros* o lanast.'

Roedd Anti Jini wrth ei bodd yn ein helpu ni i wneud mins peis. Ar y cychwyn, teimlwn ychydig bach yn chwithig wrth feddwl nad oedd Nain efo ni. Gwyddwn fod Robat John yn teimlo'r un fath yn union oherwydd fe aeth o'n ddistaw, ddistaw am ychydig. Ond pan ddywedodd Anti Jini ei bod hi'n berffaith siŵr y byddai Nain wrth ei bodd ein bod ni'n dal ymlaen â'r traddodiad, fe godon ni'n dau ein calonnau. Fe gawson ni andros o sbort efo Anti Jini yn pryfocio y byddai'r crwst yn galed fel haearn am ein bod ni'n ei rowlio gymaint.

Doedd o ddim. Roedd o'n flasus iawn. Cawsom beth i'w brofi gan Anti Jini ar ôl iddi roi jam coch ynddo am nad oedd gynnon ni'n dau fawr i'w ddweud wrth finsmît.

Daeth Anti Jini i ben y drws i'n danfon pan ddaeth hi'n amser mynd adref. Roedd hi wedi tywyllu'n gynnar ac er bod golau melyn ar lampau'r stryd roedd hi'n ddigon tywyll yn rhan honno'r pentref: golau un lamp wedi diffodd a golau'r lamp nesaf heb gyrraedd. Yr unig olau uwchben oedd y sêr yn wincian yn yr awyr ddu. Roedden nhw'n

ddisglair iawn y noson honno, mor
ddisglair nes tynnu sylw Robat John hyd
yn oed.

'Ew! Maen nhw'n hardd,' meddai o. 'Ac
yn edrych yn agos. Maen nhw'n edrych yn
nes nag y gwelais i nhw erioed o'r blaen.'

'Paid â mwydro!' meddwn i. 'Ty'd yn dy
flaen wir. Rwyt ti fel William Huw yn dotio
at oleuadau'r goeden Nadolig . . . fel petait
ti erioed wedi eu gweld nhw o'r blaen.'

''Dach chi'n gwybod beth maen nhw'n ei
ddweud ydi sêr yn tydach?' galwodd Anti
Jini ar ein holau.

Safodd y ddau ohonon ni wrth giât ei
gardd hi gan edrych dros ein hysgwyddau
arni.

'Beth?' gofynnais.

'Wel, mae rhai yn dweud mai'r fflam sydd
ar ganhwyllau pobl a fu farw ydyn nhw.'

'Wir? Wir yr?' gofynnais yn syn.

'Dyna maen nhw'n ei ddweud. Fflamau'r
canhwyllau sy'n eu helpu i weld eu ffordd o
gwmpas y nefoedd. Ac mae yna rai hefyd yn
dweud fod fflam yn sgleinio'n fwy ac yn fwy
llachar o lawer pan fydd rhywun ar y
ddaear yn cofio am y sawl sydd wedi marw.'

Syllais i fyny ar y sêr. A'r munud hwnnw
roeddwn i'n berffaith siŵr 'mod i'n gweld

51

un seren arbennig yn sgleinio llawer iawn mwy na'r lleill i gyd. Gwyddwn mai seren Nain oedd hi a'i bod hi mor llachar am ein bod ni wedi cofio am Nain. Yn sydyn, teimlwn yn hapus braf.

'Hei! Ty'd 'laen!' meddwn i wrth Robat John. 'Brysia 'nei di!' Ac fe redon ni'n dau adref a sleifio i mewn i'r tŷ i osod anrhegion Dad a Mam o dan frigau'r goeden gelyn fel roedden ni'n ei wneud bob blwyddyn.